LES DEVOIRS DU SOLDAT

Capitaine POTIN
93e Regt d'Infie

LES DEVOIRS

DU

SOLDAT

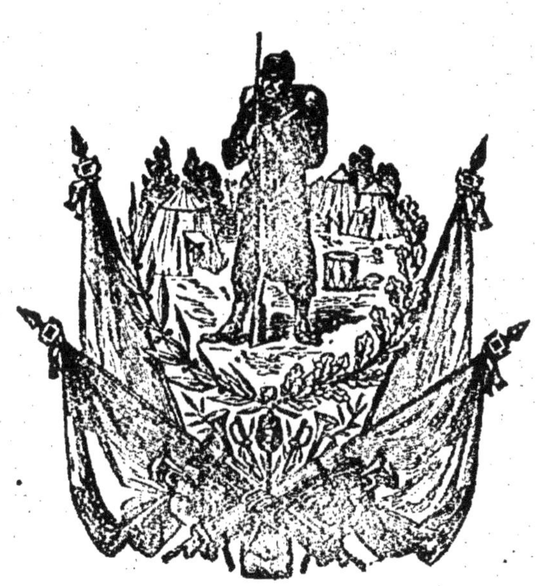

Capitaine POTIER

32e RÉGT D'INFIE

En cherchant à élever le niveau intellectuel du soldat, à ouvrir son cœur aux sentiments généreux, l'officier asseoit sur des bases solides son influence morale ; il rend l'obéissance facile, la discipline légère, il acquiert l'estime et l'affection de ses subordonnés.

Général KESSLER.

(*Tactique des trois armes*).

DÉDICACE

Aux Soldats de la 8e Compagnie du 32e Régiment d'Infanterie

C'est à vous, Soldats de la 8e, que je dédie ces quelques lignes. Elles sont destinées à vous fournir, pour les moments de loisir que vous laisse le service, des lectures variées, toutes sérieuses, instructives et bienfaisantes. Leur but est de contribuer à faire de chacun de vous, au point de vue moral, un aussi digne citoyen qu'un brave et honnête soldat.

Lisez attentivement ce petit opuscule. Vous n'y trouverez rien de bien extraordinaire, ce sont tout simplement des conférences morales que j'ai faites à vos devanciers et que j'ai agrémentées d'articles puisés un peu partout.

Puissiez-vous, en vous pénétrant de leurs idées, apprendre à aimer toujours plus et toujours mieux la France, à ne lui marchander ni vos forces physiques ni votre intelligence, ni votre dévouement! Puissiez-vous en extraire quelques gouttes de cette sève qui fera de vous des hommes vraiment dignes de ce nom, épris de hautes aspirations, ardents à la lutte contre tout ce qui dégrade et avilit, marchant le front haut, le regard franchement tourné vers tout ce qui est noble, vers tout ce qui est généreux.

CAP[ne] POTIER.

1re CONFÉRENCE

Devoirs du soldat envers ses chefs

Depuis huit jours, mes amis, une existence nouvelle a commencé pour vous. Robustes travailleurs pour la plupart, vous viviez tranquilles au fond de vos campagnes quand la Patrie est venue vous dire : J'ai besoin de toi ; viens à mon service. Et vous, répondant à cet appel, vous avez interrompu, d'un cœur attristé peut-être, mais résolu, votre labeur quotidien ; vous avez dit adieu à votre famille, quitté les vastes champs où vous creusiez le sillon ; d'autres ont laissé les usines où des machines puissantes grinçaient sous leurs doigts ; plusieurs enfin ont interrompu les études attrayantes auxquelles ils se livraient. Mais tous vous êtes venus. Au nom du pays qui vous appelle, jeunes soldats, je vous souhaite la bienvenue ; en son nom, je viens vous dire ce qu'Il attend de vous et quels sont les devoirs qui désormais vous incombent.

« Il n'est pas besoin, a-t-on dit, d'enseigner les vertus militaires à notre race ; elle a donné les premiers soldats du monde. En les conservant nous aurons toujours disponibles pour la défense de notre sol ces vertus héroïques qui, après avoir fondé la France, l'ont faite glorieuse et forte. » (Président Deschanel).

Mais si les vertus militaires ne s'enseignent pas au Français, parce qu'il en possède naturellement le foyer toujours ardent, on peut et on doit diriger la flamme précieuse de ce foyer ; c'est-à-dire veiller à ce que les passions qui nous agitent s'exercent toujours en vue du Bien moral et social. C'est le but que je me propose d'atteindre dans ce modeste travail.

Ce n'est pas, mes amis, un tribut injuste que la France exige de vous en vous appelant sous ses drapeaux.

Souvenez-vous que la France est votre Patrie. Français ! dites-moi si pour prix de l'honneur que vous avez de lui appartenir, c'est trop vous demander que vous inviter au sacrifice de quelques mois de votre existence et d'une partie de votre liberté ?

Bien plus, songez que si vous êtes fiers d'être nés fils de la France, la France vous honore encore en vous faisant ses soldats. N'est pas soldat qui veut et plus d'un achèterait bien cher, s'il le pouvait, l'honneur de porter l'uniforme dont vous êtes revêtus. Tandis qu'elle chasse de son armée ceux qui se sont dégradés et qui portent au front le stigmate de la honte, elle vous a choisis, vous, parce qu'elle sait que vous portez en vous une âme loyale et un cœur vaillant, et qu'elle peut compter sur votre entier dévouement, prêts que vous êtes à voler à son secours dès son premier appel.

L'armée, en effet, c'est le cœur d'un pays. Une nation sans armée est un cadavre qui ne peut tarder à se dissoudre. C'est par ses armées que la France a conquis la gloire dont nous, ses enfants, nous sommes si jaloux ; c'est par ses armées qu'elle défie l'audace insolente des puissances rivales ; c'est par ses armées enfin qu'elle grandit chaque jour et va planter son drapeau en de nouvelles conquêtes.

Vous comprenez dès lors combien il importe d'assurer les battements de ce cœur et de veiller à son régulier fonctionnement. Or ce double but est atteint par le seul respect de la Discipline.

La Discipline ! — force principale des armées — voilà le mot qui désormais doit vous être familier, « Fais que dois », voilà la devise que vous devez suivre et avec laquelle vous devez craindre par-dessus tout de transiger jamais.

Pour vous diriger dans l'accomplissement de vos devoirs militaires, la Patrie place au-dessus de vous des chefs qui la représentent et auxquels elle délègue toute son autorité. Ces chefs, vous devez les respecter, vous devez les aimer. Respecter ses chefs, aimer ses chefs, voilà les deux devoirs principaux qui s'imposent à tout soldat parce qu'ils sont le fondement et la base de tous les autres.

Votre respect, mes amis, vos chefs y ont droit par cela même qu'ils représentent la Patrie; ils y ont droit par leur science, par leur expérience, par leur âge. Ceux aux mains desquels vous êtes confiés sont des hommes choisis, dont l'existence n'a été qu'un labeur continu, une étude sans trêve, dont pour plus d'un les cheveux ont blanchi sous la livrée glorieuse du dévoûment désintéressé : la livrée de la France. Oui vos chefs ont droit à votre respect, mais ils méritent aussi votre affection. D'ailleurs n'allez pas croire que le respect et l'affection soient deux sentiments qui s'excluent. Loin de là ; souvent, ils sont intimement unis. Ainsi vous aimez votre père et vous le respectez ; et je ne sache pas que le respect dont vous entourez celui à qui vous devez la vie, porte préjudice à l'affection que vous lui témoignez. Eh bien ! vos chefs sont pour vous des pères, dans cette famille qui est désormais la vôtre : l'armée. D'ailleurs, sachez-le bien, votre affection sera payée de retour, car eux aussi, vous aiment. Oui, un chef aime ses soldats ; c'est sur ceux-ci que reposent ses espérances ; il sait que seul, malgré ses connaissances, il est sans force, tandis qu'avec eux, quand ils sont dociles, courageux, il est fort ; il sait que ces hommes, venus des quatre coins de la France, sont là pour servir la cause qu'il soutient ; il sait que ces jeunes gens de vingt ans seront ses compagnons d'armes de demain et que, s'il le faut, tous donneront leur sang pour défendre le drapeau. Et voilà pourquoi vos chefs vous aiment. Répondez à leur affection en leur donnant généreusement la vôtre. Comblez leur espoir en apportant à votre formation toute votre attention et toute votre bonne volonté. Et enfin, s'il vous faut d'autres sujets d'encouragement, songez que vous appartenez au « Trente-deuxième Régiment d'Infanterie » Ah ! mes amis, ce n'est pas un chiffre banal que celui que vous portez à votre collet ! Son histoire est glorieuse, pleine de traits sublimes d'héroïsme et de dévoûment. Mais songez bien que ce qu'ont fait vos aînés, vous pouvez et devez le faire, et que c'est en s'acquittant d'abord de leurs modestes devoirs de soldat qu'ils se sont préparés à devenir des héros.

2e CONFÉRENCE

Devoirs du soldat envers lui-même

Le vrai soldat doit aimer sa Patrie ; le vrai soldat doit respecter et aimer ses chefs. J'ajoute, le vrai soldat doit se respecter et s'aimer lui-même.

N'oubliez pas que vous êtes des « hommes ». Avez-vous bien compris la signification de ce mot ?

L'homme ? C'est la créature la plus parfaite qui existe sur la terre, c'est un composé admirable de tout ce qu'il y a de beau, de grand, de noble ici-bas. Distinct de tous les autres êtres, il a sur eux une supériorité incommensurable, car seul il possède les lumières de la raison.

De nos jours, hélas ! l'homme oublie trop ce qu'il est, il n'a pas suffisamment conscience de sa dignité. L'amour du plaisir, le désir de la jouissance étouffent en lui tout sentiment moral et l'abaissent au niveau de la brute. Le corps se corrompt-il, l'âme s'avilit, le patriotisme s'éteint.

Non, mes amis, vous ne devez pas laisser se corrompre votre corps ni s'avilir votre âme, parceque ni votre corps, ni votre âme ne vous appartiennent.

Votre corps appartient à la Patrie. Français, vous le devez à la France. C'est sur son sol que vous êtes nés, que vous avez grandi. Ses lois ont protégé votre naissance et vous protègent jusqu'à votre mort. Cette vigueur que vous avez puisée au grand air du pays, vous devez la conserver, que dis-je ? vous devez l'accroitre, la développer pour la défense de ce même pays.

Vous êtes soldats ; or, dites-moi, qu'est-ce qu'un soldat sans force ? De quoi est-il capable ? Non, celui qui abuse de sa santé, celui qui se livre à la débauche, celui-là n'a plus le droit de se dire enfant de la France, c'est un ingrat.

Vienne le jour où la France, sa mère, l'appellera à son secours et ce malheureux, vieux avant l'âge, parce qu'usé dès le seuil de la vie, n'aura plus à lui offrir que les restes de ses viles passions.

Oui, encore une fois, c'est un ingrat celui qui se met dans l'impossibilité de servir efficacement sa Patrie !

Veillez donc sur votre corps, donnez lui tous les soins qui lui sont nécessaires ; nourrissez-le car il a besoin de nourriture, mais nourrissez-le avec modération, car tout excès est pour lui un pas vers la ruine. Notre corps est comme une machine qui a besoin d'être alimentée pour fonctionner, mais qui éclate quand on la surchauffe.

L'un des excès les plus dangereux et en même temps les plus dégradants auxquels beaucoup trop, hélas ! se livrent, est l'ivrognerie. Quoi de plus honteux qu'un tel vice ? L'ivrogne, en même temps qu'il brûle ses organes, devient le plus dégoûtant de tous les animaux. Que dis-je ? il se ravale au-dessous de la bête même, car elle sent quand elle en a assez et s'abstient alors de boire ou de manger. Quel avenir malheureux vous réserverait une telle habitude ? Que de larmes amères coulent au foyer de la famille à cause de ce funeste vice ! Que de désolations, que de discordes il y cause ! Or, mes amis, cette vie de famille sera un jour celle de la plupart d'entre vous. De grâce, n'engagez pas votre bonheur de demain pour une si grossière et si honteuse satisfaction.

Un autre danger auquel vous expose votre âge, est celui qui résulte des mauvaises fréquentations. Vous êtes à cette époque de la vie où, selon l'expression commune, le cœur est de feu, où les passions se font sentir dans toute leur force. C'est une époque dangereuse si vous n'y prenez garde. Le cœur bien souvent est un mauvais conseiller et c'est par le cœur que l'on se perd bien des fois. A vingt ans on a besoin d'affection. Eh bien ! sachez régler ces affections ; évitez soigneusement toute liaison malsaine si vous ne voulez pas être dévorés par des maladies qui ne vous quitteront jamais et dont vous souffrirez physiquement et moralement toute votre vie.

Mais votre corps n'est pas seul à mériter votre attention.

Vous avez aussi une âme. L'âme est le plus bel apanage de l'homme, c'est elle qui lui assure la suprématie sur tous les autres animaux ; c'est l'âme qui pense, qui réfléchit et qui raisonne ; c'est elle qui dirige vos actions et commande tout en vous. Le corps n'est que son instrument.

De même que le corps, l'âme a besoin de nourriture, mais d'une nourriture particulière, toute immatérielle. Son aliment de choix est la Religion. Mais quand je dis Religion, je n'entends point parler seulement d'un culte quelconque (ce qui doit être laissé au libre arbitre de chacun), mais bien de ce sentiment que nous éprouvons tous, qui nous est commun, qui par cela même nous unit, nous *relie* (d'où le mot « Religion ») et par lequel nous sommes et nous nous sentons entraînés vers le Vrai, vers le Bien, vers le Beau, vers l'Idéal en un mot.

La poursuite de cet Idéal où tendent nos aspirations les plus élevées nous impose une règle de morale et ne cesse ainsi d'améliorer notre nature en la dirigeant vers la Perfection.

Je dois d'autre part vous signaler un danger contre lequel vous devez vous mettre en garde : c'est la *politique*. La politique ne vit guère que de discussion, ce qui est peu ou point du tout compatible avec la discipline.

Nous nous dévouons pour la France et pour le Gouvernement qu'elle s'est librement donné. Telle est notre politique, à nous soldats ; elle est très simple, généreuse ; tenons nous y.

Ayez donc souci de faire honneur de toutes façons à l'uniforme dont vous êtes revêtus. Cet uniforme, c'est, je l'ai déjà dit, et je me plais à le répéter, la livrée de la France : portez-le toujours avec fierté, avec amour. Il évoque bien des souvenirs. Comme le drapeau, auquel il emprunte du reste les couleurs, il s'est couronné de gloire, il s'est teint du sang de nos pères. Vous le déshonoreriez en le traînant dans des lieux mal famés, vous le déshonoreriez en fréquentant des réunions où l'on attaque la morale ou l'armée.

3e CONFÉRENCE

Devoirs du soldat envers la famille

Lorsqu'arriva le jour où il vous fallut partir pour rejoindre le Régiment, votre cœur se serra ; une émotion que, sans doute, beaucoup éprouvaient pour la première fois, étreignit tout votre être, et plus d'un, assurément, sentit à sa paupière des larmes qu'il cherchait vainement à refouler.

Vous n'étiez pas seuls émus. A côté de vous, votre mère pleurait aussi, et le père tremblait en serrant dans ses bras celui qui s'en allait soldat.

Il est toujours triste, hélas! de quitter sa famille!

Toutefois, si vous l'avez quittée, elle existe encore pour vous. Vous ne sauriez l'oublier.

Les devoirs d'un fils à l'égard de ses parents sont nombreux. Il m'est impossible de vous les énumérer tous, et cela est d'ailleurs parfaitement inutile, vous les trouverez gravés au fond de vos cœurs.

Le premier de tous ces devoirs est l'affection.

Avec notre Patrie, notre chère France, est-il des êtres à qui nous devions une affection plus sacrée qu'à nos parents. Votre père ! C'est cet homme à qui vous devez l'existence, qui, pour vous, a peiné de longues années, qui, pour vous, a vu ses cheveux blanchir dans le travail. Quant à votre mère, jeunes soldats, que de peines n'a-t-elle pas endurées pour vous ! Que de tendresse ne vous a-t-elle pas témoignée ! Je vous ferais injure, j'en suis sûr, en insistant plus longtemps sur ce point. Aimez vos parents, mes amis, aimez-les encore, aimez-les toujours. Vous ne pourrez assez les aimer.

Donnez-leur de nombreuses marques d'affection. Soldats, la meilleure façon de leur payer cette dette de reconnaissance si douce au cœur d'un fils, c'est de leur écrire souvent. Songez que votre départ a été bien pénible au cœur de vos pauvres parents. Souvent, là-bas, le soir, au coin du feu, ils s'entretiennent de leur fils soldat. Parfois ils sont inquiets ; le silence de l'absent leur pèse et les tourmente. Quelles pensées ne peuvent germer dans le cœur d'une mère quand il s'agit de son fils ? C'est à vous qu'il appartient de faire cesser ces anxiétés, de dissiper ces inquiétudes en leur écrivant souvent. Deux fois par mois vous pouvez, sans bourse délier, écrire à votre famille. Usez donc de cette faculté. Si vous saviez combien cette lettre fera plaisir ! Avec quel empressement on parcourt cette écriture tant aimée ! Quel bonheur surtout quand on apprend que vous êtes en bonne santé et qu'après tout vous n'êtes pas malheureux au Régiment ! Oh ! ne refusez pas ce moment de satisfaction à des parents qui vous aiment et dont l'amour pour vous a redoublé depuis que vous les avez quittés.

Mais s'il faut écrire souvent, encore faut-il bien écrire. N'envoyez jamais de ces lettres qui, au lieu d'apporter au foyer paternel le calme et la sérénité y sèment, au contraire, la tristesse et l'ennui. Ne soyez pas de ces soldats insensés qui n'ont de paroles que pour déplorer leur sort, gémir sur leur condition, pousser au noir le tableau de la vie militaire et dépeindre la caserne comme un bagne. Non seulement c'est cruel pour leurs parents, mais encore, en soi, je n'hésite pas à le dire, c'est absolument injuste.

Ne soyez pas non plus de ceux qui n'écrivent à leur famille que pour lui demander de l'argent. Je sais que le soldat a besoin de quelques sous ; mais je vous en prie, soyez prudents; songez que chez vous on a souvent de la peine à gagner la pièce qu'on vous envoie. Ne serait-ce pas une sorte de sacrilège que de dépenser follement le fruit de tant de fatigues ! Il viendra des jours où cet argent vous sera nécessaire, c'est quand il y aura des marches, des manœuvres fatigantes : faites donc des économies en vue de ces jours plus pénibles. Alors, mais alors seulement, si vos économies ne suffisent pas, demandez à vos parents de quoi y suppléer. Votre père sera content de votre demande, il se souviendra que lui aussi a fait autrefois ces marches, qu'il a enduré lui aussi les fatigues des manœuvres et il sera presque fier de vous voir subir ces souffrances qui lui rappellent ses vingt ans.

Avec l'affection, vos parents ont encore droit à votre respect, à votre reconnaissance, à votre dévoûment, ou plutôt ces sentiments ne sont que des formes, des manifestations diverses de l'affection filiale considérée sous ses aspects divers.

Le Français a le respect de la famille et, chose digne de remarque, c'est au fond des campagnes, au sein des classes les plus simples, que ce sentiment apparait dans sa belle pureté: le fils voit dans le père le directeur de la maison, l'ordonnateur de tout ce qui regarde les intérêts de la famille, l'homme au jugement fortifié par une longue expérience ; devant les ordres du père, on est à l'aise, on va avec confiance, on obéit avec respect. J'en appelle à votre propre expérience. Dites-moi si je m'abuse en ce moment ; dites-moi si vous-mêmes vous ne les avez pas éprouvés ces sentiments, et si, en ce moment leur évocation ne vous cause pas une joie profonde. Voilà, mes amis, le vrai respect, celui que vous devez à votre père, à votre mère ! C'est une des gloires du Français de respecter la femme, et quand cette femme est une mère, alors ce respect n'a plus de bornes : il devient un culte.

Au début de cet entretien, je vous montrais, dans une esquisse rapide, tout ce que vos parents ont fait pour vous, tout ce qu'ils font encore, leurs peines, leurs fatigues, leurs sacrifices. Pour répondre à tant de dévoûment, l'affection doit en vous revêtir une autre forme, celle de la reconnaissance, et la reconnaissance se manifeste par le dévoûment réciproque. Ah ! mes amis, soyons fiers d'être Français, car encore une fois, il n'y a qu'en France qu'on trouve des sentiments si élevés. La France ! mais elle ne vit que de dévoûment. Ses preux d'autrefois prenaient les armes avec enthousiasme pour soutenir de nobles causes et leur ardeur généreuse vit encore chez leurs descendants. Les Français naguère encore en ont donné des preuves consolantes. On reconnait bien la France à son dévoûment. Soyez donc Français, mes amis ! Soyez dévoués ! Se dévouer pour le Pays, c'est payer une dette ; c'est payer une dette aussi que de se dévouer pour sa famille. Unissez dans une même pensée ces deux grandes figures : la France et votre famille (car la France est mère aussi) ; et alors, dans un élan sublime comme en ont seules les âmes généreuses, déposez à leurs pieds l'hommage de votre cœur tout palpitant d'amour, d'espérance et de dévoûment !

Je voudrais pouvoir m'arrêter là ; je voudrais n'avoir à vous parler que des joies de la famille. Hélas ! il me faut terminer sur une pensée plus pénible. La famille ! ce mot, pour plusieurs d'entre vous sans doute, n'est plus qu'un son froid pour le cœur et presque ironique. D'aucuns n'en ont jamais pu goûter le bonheur, parce qu'ils n'ont jamais vu le sourire d'un père ni senti les caresses d'une mère. D'autres, après avoir goûté à ce bonheur, ont vu la coupe se briser entre leurs mains........ La mort est impitoyable ! Au moins, n'oublions pas ceux qui en ont été les victimes, victimes peut-être, pour quelques-uns, de leur dévoûment, de leur abnégation, de leur excès de zèle et d'ardeur au travail. Un auteur contemporain a écrit quelque part : « Nos morts s'en vont en emportant des lambeaux de notre cœur. » (F. Coppée). Justifions cette parole et si l'affection que nous sentons encore pour ceux qui nous ont quittés prend dans notre cœur la forme d'une tristesse profonde, ne soyons pas assez lâches pour nous distraire de leur souvenir. Nous devons à nos Morts une affection vive car « l'homme ne meurt pas tout entier. » Par delà leur tombe nos défunts pensent à nous ; ils nous aiment. Rendons-leur cet amour. Leur souvenir est essentiellement moralisateur. N'est-il pas vrai qu'on se sent davantage porté au bien quand on a pleuré quelques instants sur une tombe ? Que l'image de nos morts reste donc gravée au fond de notre cœur et que notre affection aille leur prouver au-delà du tombeau que nous sommes restés dignes d'eux !

Je vous laisse sur une triste pensée, mais j'ai songé qu'elle vous serait douce. Du reste, je ne veux pas insister davantage : « Il y a des choses, a-t-on dit, qu'il faut penser et ne pas dire, car la parole les affaiblit ».

Je m'arrête sur ce dernier mot qui résume cette conférence toute entière : Ayez pour vos familles comme pour votre Patrie le cœur et le dévouement d'enfants dignes de ce nom et vous serez de vrais soldats aimant d'un même amour ce qu'ils doivent avoir de plus cher : leurs parents et la France.

4e CONFÉRENCE

Devoirs du soldat envers ses camarades

Jusqu'ici, mes amis, je vous ai entretenus des devoirs du soldat envers ses chefs, envers lui-même et envers sa famille. Mais l'armée ne comporte pas que des individualités. Sa force est essentiellement une force collective, une somme, une résultante de forces juxtaposées. L'armée nécessite donc la réunion d'une multitude d'hommes agissant de concert et vivant en commun. Or, de ces relations quotidiennes naissent les devoirs mutuels, dont l'accomplissement vous est rendu facile par la sympathie qui vous unit et qui est produite par l'identité de situation.

Je vous ai déjà dit les devoirs individuels de chaque soldat. Eh bien ! pour tout dire, en un mot, les devoirs du soldat envers ses camarades se résument en ceci : leur faciliter autant qu'il peut l'accomplissement intégral de ces devoirs individuels.

Vous voyez déjà, que si la caserne est une

école de respect, elle est encore une école de fraternité, et de fraternité bien comprise. La solidité de l'armée, en effet, a pour principe les sentiments de fraternité qui en unissent les différents membres. Il doit régner parmi vous une parfaite solidarité. C'est ainsi qu'on arrive à former une compagnie serrée, vaste famille dont le capitaine est le père, dont les soldats sont les enfants. Les anciens sont les fils aînés, ils font profiter de leur expérience leurs frères plus jeunes qui, en retour, leur donnent leur respect. Cette liaison étroite des soldats sera précieuse sur le champ de bataille. Elle sera utile pour remonter le moral des découragés et relever le courage des timides. Dans une famille où l'on s'aime, on souffre moins quand la douleur est partagée et quand on sent près de soi un frère capable, par son intelligence et son bon cœur, de donner un bon conseil ou une saine consolation.

Vous sentez vous-mêmes, n'est-ce pas, que vous devez vous aimer et rester unis. Cette amitié et cette union sont les conditions indispensables de la bonne harmonie qui doit régner au Régiment.

D'abord, la vraie fraternité exclut les sentiments mesquins qui pourraient l'arrêter dans son essor ou en étouffer toute manifestation. A la caserne, la naissance ne doit pas entrer en ligne de compte. Ici, tous les soldats font abstraction complète de leur personnalité, pour la fondre en un ensemble d'où vient précisément la force de l'armée. Ici, on ne vous considère tous qu'au seul et même titre, comme fils de la France. Donc, point de dédain pour qui que ce soit; arrière cette morgue insolente qui rend un homme d'autant plus méprisable qu'il est méprisant et qui n'accompagne que le faux mérite !

La seule distinction, que vous puissiez faire valoir est la distinction du cœur et de l'intelligence, distinction qui s'ignore et qui fait que l'on est également aimable et sociable pour tous. Vous irez par là au socialisme militaire, vrai socialisme celui-là, puisqu'il exprime une égalité fondée sur l'identité de situation et sur l'impôt du sang égal pour tous. N'usez donc de votre supériorité, si elle est réelle, que pour en faire bénéficier vos camarades. Travaillez ainsi de tout votre cœur à diminuer la distance qui les sépare de vous. Vous aurez fait en cela œuvre de bons soldats et de bons français, car l'homme sensé ne doit pas tant songer à s'élever lui-même au-dessus des autres qu'à élever ses frères en même temps que lui-même à un certain degré d'éducation qui honore l'humanité.

A côté, par conséquent, des sentiments négatifs qu'il faut bannir, il y a des sentiments positifs qu'il faut manifester. Ayez, mes amis, du dévoûment à l'égard de vos frères d'armes.

Votre camarade est-il triste, a-t-il reçu de mauvaises nouvelles de sa famille, son père est-il malade, sa mère est-elle souffrante? Eh bien ! consolez-le, dissipez sa tristesse, tâchez de le distraire, dictez-lui les sentiments qu'il doit exprimer dans sa prochaine lettre à sa famille. S'il est dans le besoin, s'il manque d'argent ou de quelque autre chose, aidez-le selon vos moyens. Il faut que chacun vienne en aide à son frère.

Si, d'autre part, votre camarade est découragé, réconfortez-le par quelques bonnes paroles. N'ayez pas peur de partager votre esprit, votre cœur et toutes vos qualités avec ceux qui en sont moins riches que vous. Rien n'est précieux, rien n'est consolant comme de voir quelqu'un donner ce qu'il a de meilleur, son âme, pour partager l'infortune d'un malheureux.

Je suppose maintenant que votre camarade ne sache point lire. Ne le méprisez pas pour cela. Au lieu d'apprendre, quand il était jeune, il a dû peut-être subvenir aux besoins d'une famille nécessiteuse. L'ignorance n'exclut point d'ailleurs les qualités du cœur. Souvenez-vous qu'un bon cœur sans esprit vaut mieux qu'une intelligence altière. Mettez tous vos soins à lui apprendre ce qu'il ne sait pas. Grâce à vous, il pourra plus tard gérer lui-même ses affaires. Ainsi, en rendant service à l'armée, vous aurez encore rendu service à la France, dont vous aurez augmenté, ne fût-ce que d'une unité, le nombre des enfants instruits.

Votre camarade peut encore être malade. Alors, informez-vous de sa santé ; allez le voir ; votre prévenance le touchera et il vous saura gré de cet acte de délicatesse ; vous lui referez le moral et par cela même vous contribuerez à sa guérison.

Or, tous ces devoirs, dans le détail desquels j'ai tenu à entrer, vous seront faciles si vous avez les uns pour les autres l'amitié, la sympathie que vous devez avoir. La sympathie naît de la similitude de situation. On aime naturellement ceux en compagnie desquels on a étudié et passé ses premières années. Mais l'amitié est d'autant plus forte que la situation dans laquelle on se trouve est plus marquante, c'est-à-dire que les joies ou les douleurs communes sont plus sensibles. Dans peu d'états les douleurs et les joies sont aussi communes et intenses qu'au Régiment. Tous, vous éprouvez la douleur d'être séparés de vos familles, d'être exposés chaque jour à de rudes fatigues, d'être soumis enfin à une discipline rigoureuse et inflexible. Vous êtes appelés encore, en vertu même de votre situation, à partager côte à côte la douleur suprême, le sacrifice de la vie sur les champs de bataille. Voilà bien, n'est-ce pas, de quoi resserrer votre sympathie ! Et les sympathies du régiment sont plus fortes que les sympathies de collège. C'est pourquoi les braves d'autrefois quittaient leurs familles d'un cœur allègre pour retourner avec leurs camarades à la caserne ou à la guerre.

J'ajoute encore que la caserne resserre les liens qui vous unissent parce qu'elle est une occasion pour vous de mieux comprendre votre situation commune de citoyen français. A ce titre donc, votre communauté de vie sous les drapeaux augmente la sympathie civile tout en faisant naître la sympathie militaire.

Travaillez donc à rendre plus étroits les liens de votre amitié. Que ceux qui ont reçu une éducation plus complète en fassent partager les fruits à leurs frères d'armes. Ceux-ci leur en garderont toute leur vie une profonde reconnaissance. Et, aux jours de repos, cultivez ensemble votre intelligence, lisez l'Histoire des temps passés, édifiez-vous en vous racontant les faits d'armes de vos devanciers : la connaissance du passé permet de prévoir l'avenir. De la sorte, vous perfectionnerez vos esprits en servant votre pays.

Voilà ce que je voulais vous dire sur vos devoirs de camarades. Je vous l'ai dit avec tout mon cœur et d'après la haute idée que je me fais du bon soldat. Je voudrais exciter en vous de saines ambitions, vous donner une juste idée de votre valeur morale et faire naître en vos âmes l'amour du devoir. Votre conduite, mes amis, me prouvera si mes efforts n'auront pas été vains.

5e CONFÉRENCE

L'amour du Drapeau

La raison d'être de l'armée est la préparation de la guerre — toujours possible ; le soldat doit donc être toujours prêt à voler à la défense de la Patrie menacée. Mais pour bien défendre sa Patrie, il doit l'aimer : on ne s'expose pas, en effet, pour ce que l'on hait ou ce que l'on ne regarde qu'avec indifférence. Les héros de nos armées avaient appris à aimer la France avant d'aller, sous les feux ennemis, donner leur vie, répandre leur sang pour Elle. On travaille avec cœur à embellir l'objet de son amour ou à protéger sa beauté. Pour être bon soldat il faut aimer vivement la France.

Mais quand une chose nous a séduits, quand notre affection s'est portée sur un objet, nous aimons par contre-coup tout ce qui nous le rappelle ou nous le représente. On aime le portrait de son père, on aime cette image, cette physionomie où est peinte fidèlement la double expression d'un amour tendre et d'une juste sévérité. De même si nous aimons la France, nous aimerons aussi toute image de sa beauté, tout symbole de sa grandeur. Vous m'avez compris : il s'agit du Drapeau.

L'amour du Drapeau, c'est par là que doit commencer l'éducation morale du soldat, car cet amour est la base de toutes les vertus guerrières. Sans doute, on peut sentir en soi un fond de dévoûment, une certaine somme de courage ou d'abnégation ; mais tant que ces éléments resteront indéterminés, vous n'en serez pas plus guerriers pour cela. Vous ne serez véritablement soldats que quand ces qualités, ces aptitudes se seront groupées autour de l'idée de Patrie, c'est-à-dire quand votre courage et votre dévoûment auront pour fin l'honneur du Drapeau. Ainsi fixées et précisées ces vertus n'auront pas un éclat ordinaire. Sous l'action vivifiante de l'amour du drapeau, vous saurez les porter jusqu'à l'héroïsme.

Qu'est-ce donc que le drapeau ? Pas plus que de la Patrie qu'il représente, on ne saurait en donner une rigoureuse définition. Mais si l'esprit ne peut le définir, le cœur peut et doit l'aimer, et cela suffit, car ce n'est pas avec l'esprit qu'on défend la Patrie en danger, c'est avec le cœur. Le drapeau ? En soi il n'est rien qu'un morceau d'étoffe vulgaire, mais ce bout d'étoffe représente la France et pour lui on se fait gaiment casser la tête. Sa vue parle à vos cœurs et si vous n'êtes pas assez penseurs pour savoir exactement ce que c'est que le Drapeau, vous êtes tous assez Français pour le sentir.

Le Drapeau flotte sur toutes les terres françaises. C'est lui qui de loin signale aux passagers les colonies conquises par notre activité. Le Drapeau ! c'est la couronne de la France portée par nos braves dans les cinq parties du monde. Ainsi, cette couronne glorieuse rayonne sur tout l'univers, proclamant partout la bravoure de notre race et rappelant à tous les peuples qu'il existe en Europe une nation qui ne met sa puissance militaire qu'au service de la civilisation et du droit.

Le Drapeau porte dans ses plis les mots : Honneur et Patrie. Il les enveloppe ainsi d'une façon symbolique ; car il indique par là que le sentiment de l'honneur et l'amour la Patrie doivent régner dans votre cœur, double idéal que vous devez aimer et faire respecter.

Si le drapeau de la France est noble dans ce qu'il représente, il est encore beau dans ses trois couleurs et bien digne par là d'exprimer la sublimité de l'honneur et de la Patrie. La couleur bleue symbolise l'espérance : c'est l'expression d'un avenir tel que votre courage saura l'assurer : un avenir de grandeur et de prospérité. La couleur blanche est le signe d'un honneur sans souillure : le pur honneur français tel que nous l'a légué un passé glorieux. La couleur rouge rappelle le sacrifice héroïque auquel nous devons nous préparer sans arrière-pensée : le sacrifice de notre sang pour la simple satisfaction d'accomplir notre devoir. Voilà ce que disent les trois couleurs françaises, expression parfaite des qualités qui doivent orner le cœur d'un bon soldat sans peur et sans reproche.

Notre drapeau est encore un signe de joie. Aux jours de fêtes, on en pavoise les maisons, on en décore les monuments ; et il semble inviter tout le monde à la réjouissance. Quand vous le verrez flotter au milieu de vous, parmi les balles et la mitraille, qu'il vous invite alors à donner généreusement et avec joie votre sang pour la France. Les batailles sont des jours de fête pour les braves. Le sifflement des balles, le grondement de la canonnade, loin de les effrayer, les invite à marcher de l'avant et les enlève comme vous enlève la musique du Régiment au retour d'une marche pénible ou de manœuvres harassantes.

Le drapeau ne représente pas seulement la France dans son état présent. Il en rappelle aussi tout le passé historique. C'est un passé de gloires incomparables, à tel point qu'il n'a pu être terni par aucune défaite ; car il y a des défaites glorieuses comme des victoires déshonorantes. Mais l'étendard français, nous pouvons nous en rendre hautement le témoignage, a toujours été à l'honneur dans la victoire comme dans le désastre. Le drapeau tricolore a fait le tour de l'Europe en quelques années ; il a remporté victoires sur victoires. A l'ombre de ses plis, des héros sans précédents ont, tour à tour, forcé l'admiration de toutes les vieilles nations européennes. Voilà des gloires qu'il ne faut pas oublier, parce qu'elles sont un précieux stimulant de notre ardeur pour l'avenir.

Ce drapeau, vous en avez la garde et la responsabilité. On vous le confie avec assurance parce qu'on sait que vous l'aimez et que vous êtes disposés à mourir pour le défendre. Vous aimez donc la France et ses trois couleurs. Quand la Patrie jettera vers vous le cri de détresse qui vous appellera à son secours, vous saurez vous donner sans réserve pour sauvegarder son intégrité. Vous assurerez son intégrité morale, c'est-à-dire son honneur, en provoquant l'insulteur téméraire ; vous maintiendrez son intégrité territoriale en repoussant l'ennemi envahisseur. Le dévoûment dont vous serez capables sera la marque et la mesure de votre amour pour le drapeau.

Mais, ce dévoûment, on vous le demande dès maintenant et chaque jour. La France vous a appelés à l'école de sa défense. Si vous êtes prêts à mourir pour elle, apprenez à bien mourir et à mourir en la sauvant. Alors le sacrifice de votre vie n'aura pas été stérile. Le dévoûment, en effet, ne s'exerce pas uniquement sur les champs de bataille, il vous est donné, tous les jours mille occasions de montrer que vous aimez la Patrie ; et pour cela ayez un profond sentiment du devoir qui vous est imposé. Les ordres qui vous sont donnés doivent seulement éclairer votre intelligence encore inexpérimentée dans l'œuvre militaire. Ils ne doivent pas être le mobile unique pour lequel vous agissez. Un bon soldat n'agit point par crainte des punitions ni pour d'autres motifs analogues. Le motif de votre activité vous devez le puiser dans votre amour de la France, dans votre amour du drapeau et principalement du Drapeau de votre Régiment.

Ce Drapeau vous rappelle les hauts faits d'armes et les actes de courage de ceux qui ont appartenu à la même famille militaire que vous. Ah ! si vous voyiez ces lambeaux informes mais éloquents, vous comprendriez ce que c'est que de défendre un Drapeau ! Ses blessures vous diraient assez de combien de sacrifices il a été l'objet.

Les hommes tombent frappés par les balles, ceux qui étaient là il y a quelques années n'y sont plus. Le Drapeau, lui, reste toujours là malgré les balles qui tuent et le temps qui détruit, expression toujours vivante d'une idée sublime qui groupe autour d'elle des âmes généreuses et remplace ceux qui ne sont plus par de nouveaux venus.

Ce Drapeau du 32e, toujours debout malgré les changements, c'est autour de lui que vous serez appelés à combattre, c'est sa vue qui ranimera votre courage peut-être chancelant, c'est dans ses plis qu'à côté des gloires de vos devanciers on inscrira les vôtres ; la série n'est point close : « Il y en a encore du 32e ».

Dans la nation allemande, le lendemain de l'arrivée des jeunes soldats, on apporte solennellement devant eux le drapeau du pays, et tous sont tenus de jurer de le défendre. En France, on ne recourt point à ces sortes de contrainte. Le Français est assez généreux pour n'avoir pas besoin de prêter un serment de ce genre et n'en aime pas moins son Drapeau.

Pour vous, mes amis, s'il vous est donné un jour de défendre et de glorifier la France, ah ! donnez-y tout votre cœur. Elle est digne de vous, vous êtes dignes d'elle. Son Drapeau vous honore et ses vertus l'illustrent. Conservez-lui sans réserve tout le dévoûment dont vous êtes capables. En temps de paix comme en temps de guerre, travaillez à sa prospérité. Qu'il vous soit donné de vivre ou que vous soyez appelés à mourir, vivez et mourez pour la France !

6e CONFÉRENCE

Le courage

Le soldat, en raison même de son état, trouve parfois de grandes difficultés à surmonter. Il est des circonstances, dans la vie militaire, où il faut lutter contre les instincts de la nature, où il faut se vaincre soi-même. Or on se vainc soi-même par le courage.

Le courage, d'une façon générale, est une force qui donne à l'homme le moyen de faire le bien. Le Français la connait entre tous, cette force là, car le courage est son apanage à lui. C'est le courage qui fait oublier les fatigues et la crainte en face du devoir; c'est le courage qui nous donne la force de faire respecter nos opinions et de marcher fièrement dans la voie de l'honneur.

Le courage, c'est encore cette force intérieure qui nous permet de rester maîtres de nous-mêmes en tout et partout, de rester « hommes » en un mot. C'est le courage qui sèche les pleurs et dissipe les chagrins, c'est lui qui fait surmonter les ennuis et les misères qui, au cours de notre vie, nous distrairaient de notre devoir.

Vous le voyez déjà, tout homme ici-bas a besoin de courage, parce que tout homme a des épreuves à soutenir. Vous-mêmes, vous avez déjà expérimenté cette belle vertu : vous savez ce que c'est que le courage, vous, cultivateurs, qui, malgré le soleil, malgré la pluie, creusiez le sillon du matin au soir ; vous savez ce que c'est que le courage, vous, ouvriers, qui avez vécu dans l'air malsain des usines et qui, le soir, reveniez le dos courbé de fatigue pour retourner le lendemain à vos machines ; vous savez ce que c'est que le courage, vous qui avez étudié pour obtenir un diplôme ou un grade académique auxquels on n'arrive qu'après des labeurs prolongés, qu'après de pénibles et dures veilles. Vous l'avez expérimenté, vous tous qui avez souffert. Dites-moi s'il n'y a pas eu des moments, dans votre vie, où il vous a fallu du courage pour ne pas céder au désespoir !

Dans la nouvelle carrière où vous êtes entrés, jeunes soldats, cette vertu vous est plus nécessaire que jamais. Le soldat est comme le courage personnifié. C'est le courage qui, aux jours de péril, assurera votre sang-froid et vous fera surmonter les dangers ; c'est lui, qui, sur les champs de bataille, soutiendra votre cœur et vous fera gagner les victoires. C'est le courage qui fait les héros.

Le régiment auquel vous avez l'honneur d'appartenir l'a pratiqué, le courage ! Le drapeau qui flotte à votre tête aux jours de fête est là pour vous le rappeler. Dans ses plis, quatre noms sont inscrits, et ces quatre noms sont à eux seuls toute une épopée glorieuse qui perpétue à jamais le courage de vos devanciers. Et vous, fils plus jeunes, vous devez être jaloux de marcher sur les traces de vos frères aînés. Sur la soie tricolore de votre drapeau, il reste de la place encore ; à vous il incombera peut-être d'y inscrire de nouveaux noms !

Savez-vous comment jadis on surnommait votre Régiment ? On l'appelait l'Invincible ! parce que partout il passait triomphateur, cueillant les victoires comme en se jouant. On vous a raconté les campagnes glorieuses où il s'est illustré ; on vous a cité les noms de ces héros qui ont été courageux jusqu'à la mort.

C'est le grenadier Daude, qui, à Dégo, prend à lui seul deux canons, huit canonniers et deux officiers. Ce sont les trois volontaires Martin, Bataille et Rivière, qui, à Lonato, seuls contre deux compagnies d'Autrichiens, un contre cent, tiennent leurs adversaires en échec et réussissent à leur faire mettre bas les armes. C'est le caporal Torté qui, à Salo, malgré la fatigue qui l'accable, malgré ses armes qui le gênent, traverse une rivière à la nage pour aller prendre sur l'autre rive un chirurgien, un officier et un soldat. C'est le sergent Abbas, qui, fait prisonnier par quinze Autrichiens, s'échappe de leurs mains, ramasse une poignée de braves et à son tour vient faire déposer les armes à ceux qui le gardaient un instant auparavant. C'est le capitaine Touaré, qui, à Peschiera,se précipite sur une pièce ennemie et tombe foudroyé, immortalisé par son courage. C'est enfin le colonel Dupuy, qui, pendant cinq campagnes conduit les nôtres au feu, les entraîne par son exemple héroïque et, toujours respecté sur les champs de bataille, va mourir au Caire sous les coups d'une bande de factieux.

Voilà de l'histoire, mes amis, et voilà le courage ! N'est-ce pas qu'en face de si beaux exemples vous sentez votre cœur s'échauffer ? Lisez-les souvent, ces exemples glorieux, ils vous feront du bien. Nous sommes de la race de ces braves, ne l'oublions pas ; le sang qui coule dans nos veines est le même que celui qui faisait battre le cœur de ceux dont je viens de vous citer les noms. Ne dégénerons pas : restons dignes de nos aïeux, dignes de notre race, dignes de la France enfin ! Soyons des hommes de courage et ne laissons pas périr cette vertu toute française. Cultivons-là avec soin, comme le jardinier cultive une fleur rare et précieuse.

On cultive le courage par la notion du Bien, de l'Honneur, du Devoir : ces notions, vous les possédez, nous les avons vues ensemble : soyez des hommes de Bien, vous serez des hommes de courage.

Le courage est une vertu austère, incompatible avec le vice. Le vice, en effet, est une lâcheté, une faiblesse qui s'empare de nous et nous rend incapables de résister aux mauvais penchants de la nature. Le voluptueux et le débauché sont incapables de courage. Ecoutez plutôt ces vers d'un de nos meilleurs poètes contemporains :

Maudites soient du Ciel les œuvres de débauche !
Leur influence, hélas ! flattant nos vils penchants,
Commence sur des rois aveugles ou méchants.
Bientôt, après le chef qui l'aime ou la tolère,
Elle va gangrener la masse populaire
Et l'œuvre détestable, à chacun de ses pas,
Fait d'autant plus de mal qu'elle descend plus bas.
Moi, soldat, je le sais : je sais que tel ouvrage
En abaissant l'esprit, abaisse le courage.
Qui pense et qui vit mal ne peut pas bien mourir :
La mort est chaste et veut, quand elle vient s'offrir,
Qu'on l'accueille le front calme, l'âme affermie,
Les mains et le cœur purs, comme une austère amie.

(Henri de Bornier).

On cultive encore le courage en l'éprouvant. Les physiciens constatent que la force de l'aimant croit à mesure que grandit la charge qu'il doit soutenir. De même, c'est en exerçant fréquemment le courage qu'on arrive à le fortifier, à le développer. Ah ! les occasions sont nombreuses de vous éprouver ainsi. Votre vie de soldat n'est pas sans ennuis, sans fatigues : sachez résister à toutes les épreuves ; ayez le courage d'être bons soldats. Ayez aussi le courage de faire respecter vos opinions. Vous avez des opinions, mes amis, vous devez en avoir. Quelles qu'elles soient, ne permettez jamais qu'on y porte atteinte.

Ayez le courage de résister à tout ce qui serait contraire à l'honneur, et c'est ainsi que le courage grandira peu à peu en vous. Et alors, quand vous vous serez fortifié le cœur, vienne le jour des batailles, et devant vos adversaires, vous irez, joyeux, comme vos aînés, montrer avec fierté qu'il en reste encore du 32me !

7e CONFÉRENCE

Le Dévoûment

Là où est le danger, là le soldat donne sa mesure. Vous comprenez tout de suite que je veux vous parler d'une vertu éminemment militaire, qui est comme la synthèse de toutes les vertus que vous devez posséder. C'est le dévoûment.

Le dévoûment est une force qui, dans les circonstances plus difficiles, nous fait exercer notre courage. Ce n'est donc pas seulement le courage, c'est quelque chose de plus. Le dévoûment, en effet, comporte dans les circonstances où il se produit quelque risque, quelque péril. Montrer du devoûment, c'est donc exercer son courage au milieu du danger. Ainsi, vous êtes courageux quand vous défendez énergiquement votre opinion en face d'un adversaire ; vous êtes dévoués à une cause quand vous la soutenez en courant des risques pour votre situation, vos biens, votre vie.

Le dévoûment est couronné par l'abnégation. L'abnégation fait que nous nous désintéressons de nous-mêmes, que nous nous renonçons pour un bien qui nous est extérieur, pour une cause qui n'est pas la nôtre.

Le dévoûment, comme le courage, a son champ d'exercice dans la vie civile comme dans l'état militaire. Combien de fois peut-être n'avez-vous pas sacrifié vos plaisirs, renoncé à vos préférences, pour aider, par exemple, votre famille ? A votre âge, vous n'avez peut-être pas rencontré beaucoup d'occasions d'exercer le dévoûment. Mais vous n'êtes pas sans connaître autour de vous des personnes dévouées dont les actions généreuses excitent votre admiration. En France, le dévoûment ne manque pas. Ayez à cœur, mes amis, d'en imiter les nobles exemples. Le dévoûment est souvent moins éclatant que le courage, mais la gloire ne réside point essentiellement dans les nombreux témoignages d'admiration ; elle est plutôt dans la douce joie qu'éprouve le cœur droit au sentiment du bien accompli. Là est la vraie gloire, là est le vrai bonheur.

Mais le dévoûment, pas plus que le courage, ne doit se confondre avec la témérité. C'est pure imprudence que de s'exposer à la mort, s'il ne doit en résulter aucun bien. L'acte de dévoûment, pour être bon, doit être utile, autrement il n'est qu'une vaine fanfaronnade.

Si le dévoûment civique est digne de louange, le

dévoûment militaire procure au héros qui en fait preuve une gloire impérissable. De là les innombrables monuments que les peuples de tous les temps ont élevés aux guerriers morts au champ d'honneur, depuis le cénotaphe des héros des Thermopyles jusqu'aux monuments érigés dans toute la France aux glorieux vaincus de 1870. Mourir pour la patrie était chez les anciens le plus beau titre de gloire que l'on pût acquérir. Les femmes mêmes, en voyant partir leurs fils ou leur époux, leur disaient l'œil serein : Reviens mort ou vainqueur ! C'est ce noble sentiment du dévouement patriotique qu'un poète français, l'une de nos gloires nationales, a traduit dans ces vers :

> Mourir pour la patrie est un si digne sort
> Qu'on briguerait en foule une si belle mort !

L'acte suprême de dévoûment, quelques circonstances que l'on considère, est bien le sacrifice de la vie. Mais quand ce sacrifice a pour cause le salut d'une idée noble comme celle de la Patrie, alors l'acte de dévoûment revêt une valeur incomparable. C'est pourquoi autrefois on appelait demi-dieux les hommes dévoués à la Nation qui s'exposaient à la mort pour la sauver ou la venger : et dans l'antiquité païenne on leur élevait des autels et on leur rendait un culte.

Il faudrait de longues heures pour narrer les actions de dévoûment qui se sont produites à la guerre chez les différents peuples. Rappelez-vous, de nos jours, l'héroïque résistance des Boërs pour la noble cause de leur indépendance. Il y a même des peuplades barbares qui ont dans leurs fastes des actes de dévoûment incroyables.

D'ailleurs, le dévoûment est une vertu française. Aussi haut qu'on peut remonter le cours de notre histoire, on trouve des actes d'héroïsme bien capables de nous édifier. Rappelez-vous seulement, d'une part, la générosité avec laquelle les Gaulois, nos ancêtres, exerçaient l'hospitalité et, d'autre part, le courage qu'ils ont déployé contre l'Empire Romain pour défendre leur liberté menacée. Montrons-nous les dignes descendants d'ancêtres si fiers.

Le dévoûment est audacieux et brise toutes les difficultés. L'histoire rapporte que les Teutons et les Cimbres, sortant de leurs sombres forêts du Nord, se mirent à envahir les régions fertiles situées au sud de l'Europe. Et lorsque ces intrépides et sauvages guerriers, presque nus malgré le froid, rencontraient sur leur chemin une chaîne de glaciers, ils en gravissaient les pentes abruptes en s'aidant de leurs armes, puis, arrivés au sommet des monts, considérant d'un œil avide les immenses plaines qui s'étendaient à leurs pieds et sur lesquelles ils allaient fondre, ils s'asseyaient sur leurs boucliers et se laissaient sans peur glisser jusqu'au fond des précipices. Ils puisaient cette brutale audace dans le dévouement farouche qu'ils avaient pour l'extension de leur race, subjugués par le désir de conquérir de nouvelles terres. Il fallut la bravoure des légions romaines pour arrêter leurs hordes dévastatrices.

Sans doute, notre dévoûment doit être plus civilisé que celui de ces peuples aux instincts féroces et à l'intelligence grossière. Mais l'idée de Patrie, telle que nous la concevons à l'heure actuelle, ne doit pas être moins féconde en généreux actes de dévoûment que l'instinct songuinaire de ces barbares pour qui la brutale férocité était une vertu de race.

Le dévoûment est indispensable au soldat pour bien accomplir son devoir sur les champs de bataille. Si vous n'êtes pas dévoués, si vous n'êtes pas résolus à donner votre vie pour la France, si le sifflement des balles ou le bruit de la canonnade vous fait peur, vous serez de mauvais soldats. Il faut marcher au milieu de tous ces dangers en vous rappelant que votre vie et votre personnalité ne comptent pas dans l'œuvre sublime que vous avez l'honneur d'accomplir. Si vous tombez, d'autres vous remplaceront. Loin de vous la pensée de reculer lâchement devant le feu de l'ennemi. Ce serait un crime de lèse-Patrie.

Vous cultiverez le dévoûment en temps de paix en exécutant avec conviction les ordres de vos chefs, en vous dépensant tout entiers pour votre service, en relevant dans les mauvais jours le courage abattu d'un camarade et d'un ami, en ranimant par tous les moyens sa confiance un peu ébranlée, en l'arrachant au désespoir.

Vous le cultiverez encore en ne laissant échapper aucune occasion de vous montrer. Vous devez toujours vous rappeler que là où est le danger là est le soldat. Efforcez-vous d'arracher à la mort, sans témérité, celui qui va succomber. Montrez en toute occasion que vous êtes un fils de la France, qui, à toutes les époques de son histoire, a toujours pris la défense du faible contre l'oppresseur. Montrez ainsi que vous êtes du 32me, ce beau et noble Régiment dont le dévoûment éclate à toutes les pages de ses annales. Ainsi, vous vous préparerez au dévoûment de demain, à ce dévoûment que tout le monde est en droit d'attendre de vous, je veux dire, à mourir pour le salut de la Patrie.

Je pense que vous m'avez compris, que vos cœurs sont assez forts pour pousser la générosité jusqu'à vous dévouer, jusqu'à vous donner vous-mêmes. Et, si l'occasion vous est offerte de mettre en œuvre ce dévoûment, rappelez-vous le vieil adage : Plutôt la mort que le déshonneur.

8e CONFÉRENCE

Conduite à tenir sur les champs de bataille
La générosité.

La générosité est le complément naturel du vrai courage et du vrai dévoûment. Ces trois vertus, en effet, ont pour base commune l'abnégation, qui nous porte à sacrifier notre bien personnel pour un bien qui n'est pas le nôtre. La générosité, dont je vais vous parler, est un sentiment large qui nous fait renoncer, sans arrière-pensée, à nos désirs et à nos instincts, en vue d'un Bien général ou supérieur. Et comme la générosité, avec ce caractère particulier, s'exerce surtout, pour un soldat, en temps de guerre, je vous parlerai en général des règles que vous devriez suivre en campagne et sur les champs de bataille.

Vous avez des devoirs à remplir envers les blessés,

amis et ennemis, envers les prisonniers et envers les otages.

Pour que vous compreniez mieux la question, je dois vous dire tout de suite, car plusieurs l'ignorent peut-être, ce que c'est qu'un otage. Un otage est un individu, pris comme responsable d'une contribution imposée à un village, à une nation. Ainsi, vous cantonnez dans un bourg ennemi, le chef de la troupe a le droit d'imposer à la population la nourriture de ses hommes. La population consent, elle s'engage à nourrir l'armée, et, comme garantie de sa sincérité, elle livre un ou plusieurs notables pris dans son sein et qui seront rendus à la liberté dès que les conditions imposées et acceptées auront été remplies. Un otage est donc une sorte de prisonnier volontaire qui se sacrifie momentanément pour ses compatriotes.

Eh bien ! à l'égard des blessés, des prisonniers et des otages vous devez montrer une grande générosité. Sans cela le courage n'est plus qu'une sauvagerie, une fougue cruelle, comme celle de l'animal qui s'acharne sur sa proie. Le vrai courage, le courage français, est accompagné de générosité.

J'ai dit le courage français. Chez nous, en effet, la générosité est une vertu traditionnelle, une vertu nationale. Le Français s'est toujours fait remarquer par son empressement à embrasser les causes désintéressées, aussi bien que par son courage à les soutenir et son dévoûment à s'y sacrifier: S'agit-il au dix-huitième siècle, d'affirmer l'indépendance des colonies anglaises d'Amérique et de fonder cette République des Etats-Unis aujourd'hui si brillante et si prospère ? Aussitôt les marquis de Lafayette et Rochambeau vont au-delà de l'Océan offrir leur épée au général Washington. Aussitôt notre marine arme dans tous les ports et va avec Suffren, d'Orvilliers, Lamothe-Piquet, de Grasse, de Guichen et d'Estaing, défier sur toutes les mers la marine anglaise.

S'agit-il encore, au dix-neuvième siècle, d'arracher au joug de la Turquie la Grèce étouffée sous le double poids des soldats d'Ibrahim et du Sultan ? Aussitôt la nation française tout entière s'agite et s'émeut. Notre belle marine apparaît là encore pour donner la mesure de sa bravoure et de sa valeur. L'amiral de Rigny unit son escadre aux escadres anglaise et russe et va à Navarin, infliger à la flotte turque un échec terrible dont elle ne s'est jamais relevée.

S'agit-il enfin, en 1859, de sauver le Piémont soudainement envahi par l'Autriche et de fonder cette unité qui fait à l'heure actuelle la force de l'Italie ? Aussitôt, l'armée française accourt en toute hâte, livre les batailles de Magenta et de Solférino et se fait acclamer avec un enthousiasme indicible par les Italiens délivrés de la domination autrichienne.

On ne trouve rien, chez les autres nations capables de rivaliser avec cette générosité de la France, fleur toujours fraîche que les générations se transmettent comme naturellement. Or c'est à vous, soldats, qu'il appartient de conserver à notre Patrie cette réputation caractéristique.

Si je vous ai précédemment exhortés de tout mon cœur au courage et au dévoûment, je vous engage maintenant avec non moins d'insistance à vous montrer généreux. S'il vous est donné un jour de porter au loin le Drapeau de la France, en même temps que vous serez ses défenseurs par votre courage, soyez ses apôtres par votre générosité.

Vous devez être généreux à l'égard des blessés ennemis. Ils ont fait leur devoir en défendant leur pays. Leurs blessures sont donc pour eux des titres de gloire et leur état de faiblesse, loin de favoriser en vous un lâche sentiment de haine, doit vous porter à les respecter. Vous ne savez pas d'ailleurs si dans quelques instants vous ne serez pas, à votre tour, réduits au même état lamentable. Agissez donc envers eux comme vous voudriez que l'on agit envers vous. Dès lors qu'ils ne combattent plus, ce ne sont plus des ennemis. Dès lors qu'ils souffrent, ils doivent exciter en vous un sentiment d'humaine compassion qui doit vous pousser à leur rendre service, à les soulager.

Mais si l'ennemi blessé essaye de vous attaquer, considérez-le comme combattant. Il ne faut pas le tuer : la mort ne doit être donnée que dans la dernière nécessité. Mais il faut le faire prisonnier et le mettre ainsi dans l'impossibilité de nuire sans le détruire inutilement.

Pour ce qui concerne vos camarades blessés, ne vous occupez jamais du voisin qui tombe et qui reste en arrière : c'est l'affaire des brancardiers et des infirmiers. Le meilleur moyen d'asssurer du secours à vos amis blessés, c'est de remporter la victoire. Ne vous occupez en rien de ce qui se passe autour de vous. Marchez toujours de l'avant : c'est votre premier devoir. Mais après la bataille, on peut, avec l'autorisation de ses chefs, parcourir le terrain de la lutte et chercher parmi ceux qui gisent à terre, le parent ou l'ami à qui on a promis une dernière assistance.

Vous devez être encore généreux à l'égard des prisonniers et vous montrer aussi humains envers eux qu'envers les blessés. Ceux-ci souffrent de douleurs physiques contractées en défendant leur patrie ; les prisonniers, eux, souffrent d'une douleur morale contractée au service de la même cause : ils souffrent de leur impuissance et ce serait une lâche cruauté que d'accroître leur peine par des insultes ou de mauvais traitements.

Faites comprendre au prisonnier, par tous les moyens dont vous pouvez disposer, ce qu'il doit faire. S'il ne comprend pas votre langue, faites-vous comprendre par des gestes. Retirez-lui ses armes sans brusquerie. Gardez-vous surtout d'imiter les Barbares qui, au cours de la dernière guerre, injuriaient durement nos prisonniers et leur crachaient à la figure. Si l'heure de la revanche sonne un jour, ce sera l'occasion de déployer une générosité toute française, en opposant la bonté à la brutalité.

Prévenez aussi le prisonnier des obligations qui lui sont imposées et informez-le que s'il cherche à s'évader il s'expose aux plus rudes châtiments.

Si le prisonnier se montre tel qu'il doit être, traitez-le en frère. Il est à votre égard dans les mêmes conditions que le blessé, dont je vous ai parlé tout-à-l'heure. Puisqu'il ne vous nuit plus, ce n'est pas un ennemi, il a droit à votre sympathie. N'ayez pas peur de multiplier à son égard les bons traitements. Si sa nourriture est insuffisante, partagez avec lui, si vous pouvez, votre repas. Consolez-le dans sa misère, en lui assurant qu'il ne sera pas maltraité. Prouvez-lui ainsi que la nation qui le retient prisonnier est pleine d'humanité.

Quant aux otages, traitez-les comme les prisonniers, puisque l'otage est comme un prisonnier volontaire. Son dévoûment pour ses compatriotes doit vous inspirer un légitime respect. S'il jouit parmi les siens d'une considération méritée, s'il est notable dans son pays, traitez-le avec déférence. N'oubliez pas qu'un roi d'Angleterre ne crut pas s'abaisser en servant, lui-même, à table, un roi de France, son prisonnier.

Cette générosité que je vous recommande à l'endroit des blessés, des prisonniers et des otages, étendez-la à tous les êtres faibles. Soyez Français et généreux toujours! Quand, au cours d'une campagne, vous entrez dans un village, respectez les vieillards, les femmes, et les enfants. Ils ne sont pas combattants, vous ne devez pas les traiter en ennemis. Ne les maltraitez pas sans raison. Surtout ne vous vengez pas sur eux des maux que vous font endurer leurs compatriotes : ce serait une injustice et une lâcheté. Soyez dignes, au contraire, dans la victoire. Défendez-vous, à l'égard des faibles, tout acte de basse vexation, car il est honteux et lâche de s'attaquer à des êtres sans défense.

Mais s'ils essayent de vous trahir, traitez-les alors en ennemis en les mettant dans l'impossibilité de vous nuire.

Nos ennemis d'outre-Rhin ont commis à notre égard des actes honteux de mauvaise foi et d'atroce barbarie. Il est toutefois des circonstances où ils se sont montrés humains ; il faut leur rendre cette justice. Tel ce caporal prussien empêchant de tirer sur le lieutenant B...., ce glorieux blessé de la bataille de Beaumont, aujourd'hui colonel, dont je vous ai si souvent vanté la haute bravoure. Eh bien ! il ne faut pas que la France se laisse vaincre en générosité. Si la Prusse nous a défaits par la force, nous l'avons surpassée en générosité et loyauté. Sachons garder partout et toujours cette belle supériorité.

CONCLUSIONS

Voilà terminées les conférences que j'avais le devoir de vous faire. N'en perdez pas de vue les points les plus importants. Mettez-vous souvent en face de votre devoir et demandez-vous comment vous l'accompliriez. Et pour fixer en votre âme les sentiments auxquels je vous ai exhortés, relisez souvent les pages glorieuses de nos annales historiques. Notre histoire nationale est l'école la plus riche que je puisse vous indiquer, école de courage, d'abnégation, de générosité. Vous y verrez se succéder en de brillants tableaux les hauts faits de nos ancêtres. Vous y verrez l'application exacte de tout ce que je vous ai dit.

Sans doute, les exercices de chaque jour fortifient vos bras, les théories pratiques assouplissent votre intelligence et votre volonté aux détails du service. Mais ce n'est pas seulement avec les bras et les jambes du soldat qu'on fait la guerre ; c'est encore et surtout avec son cœur. Voilà pourquoi j'ai tenu moi-même à former votre cœur pour la guerre au moyen de ces conférences morales.

Cette idée, que nous ne formerons pas de bons

soldats si nous négligeons en eux l'éducation intellectuelle et morale, a toujours été admise parmi nous. Mais, actuellement, on veut la réaliser, pratiquement, mieux qu'on n'avait tenté de le faire jusqu'ici. Former des corps vigoureux, c'est nécessaire sans doute pour avoir une armée solide. Enseigner aux recrues le maniement des armes, et, par des exercices multiples, les dresser en quelque sorte à la besogne matérielle des combats, c'est encore un des devoirs des chefs militaires. Mais cela seul ne saurait suffire : nous dirigeons des hommes et non des machines. Il faut par conséquent, pour produire sur le champ de bataille l'effort suprême nécessaire à la victoire, développer dans le soldat ce qui le fait vraiment homme : son esprit, sa volonté, son cœur, son âme tout entière.

Le soldat français, a dit le colonel de Villebois-Mareuil, n'aime pas à être traité en instrument passif et borné, mais il vibre jusqu'au sublime entre les mains des chefs qui ont appris à s'en servir.

Aujourd'hui surtout qu'on se préoccupe de l'instruction et de l'éducation universelles, l'armée ne doit pas rester en arrière. C'est un progrès que nous espérons réaliser : la caserne serait comme une seconde école de la jeunesse de France.

J'ai essayé, mes amis, pour ma part d'entrer dans ce mouvement. Votre attention m'a montré que vous me compreniez. C'est à vous maintenant d'achever votre éducation en faisant l'application de ces théories à vos actions de tous les jours.

Faites votre devoir partout et toujours avec simplicité, avec modestie.

Respectez les idées et les droits de vos semblables dans toute leur indépendance et dans toute leur intégrité.

Ecoutez la voix de votre conscience et cultivez la justice.

Que votre cœur, toujours dominé par l'amour de la vertu, n'ait que de nobles aspirations ! qu'il ne soit jamais l'esclave de passions viles et dégradantes !

Ainsi, au Régiment et dans la vie civile, en temps de paix comme en temps de guerre, à la caserne et dans vos foyers, vous serez fidèles à cette devise qui, dans tous les temps, fut celle des enfants de la France et des grands citoyens :

HONNEUR ET PATRIE !

Cne POTIER.

Châtellerault
IMPRIMERIE RIVIÈRE

www.ingramcontent.com/pod-product-compliance
Ingram Content Group UK Ltd.
Pitfield, Milton Keynes, MK11 3LW, UK
UKHW012255240726
13966UKWH00004B/1420